# 열아홉 개 섬과 암초들을 부르는 시

시결기획시인선 01

# 열아홉 개 섬과 암초들을 부르는 시

이건청

달나무

시인의 말

요즘 내가 겨우 만나는
지질, 화석, 우주천문과의 시간들

고생대자연사 박물관엘 가면 4억 년 전쯤
거기 살았던 생물들을 화석으로 만나 볼 수 있다.
철원 한탄강엘 가면 지질특성을 보여주는
20억년 전, 암반 벼랑들을 만날 수 있다.
255억km쯤 천문 거리 밖을 가며
광속 22시간 거리의 지구로 신호를 보내주는
외계우주 탐사선도 있다고 한다.

고생대 화석에서 한탄강 암반 벼랑까지, 또
보이저 우주탐사선까지,
오래전 가버렸거나, 아직 오지않은 시간을 향해
늙은 현생인간 한 사람이 겨우 불러보는
낯선 전언들.

2025. 3 이천 모가헌에서
이건청

차례

시인의 말

## 1 열 아홉개 섬과 암초들을 부르는 시

| | |
|---|---|
| 열아홉 개 섬과 암초들을 부르는 시 | 14 |
| 겨울 저녁의 시 | 16 |
| 돌담길 | 17 |
| 막차 타러 가며 | 18 |
| 엄마 | 19 |
| 낡은 배 | 20 |
| 서리 | 22 |
| 스크류 1 | 23 |
| 스크류 2 | 24 |
| 돌 | 25 |
| 저녁 별 아래 망아지가 | 26 |
| 먼 곳 | 27 |
| 시인학교 | 28 |
| 돌미나리 | 30 |
| 연두의 날 | 32 |
| 봉함엽서 | 33 |

## 2 사헬란트로프스 차덴시스

| | |
|---|---|
| 사헬란트로프스 차덴시스 | 36 |
| 당신들은 까마득히 잊고 살지만 | 38 |
| 순다랜드 | 40 |
| 천둥 번개 덧쌓인 바윗길에서 | 42 |
| 미토콘드리아 | 44 |
| 실라캔스 | 46 |
| 스트로마톨라이트 | 48 |

## 3 한탄강 지질공원에서

| | |
|---|---|
| 한탄강 지질공원에서 | 50 |
| 갈라파고스 육지 거북 | 52 |
| 석탄 | 54 |
| 6500만 년 전 빗방울 화석 | 56 |
| 핀타 거북은 죽고 없다 | 58 |
| 내가 버린 섬 | 60 |
| 찰스 다윈의 핀치새 | 61 |

## 4 해변의 첼리스트

해변의 첼리스트      64

가을 여자      66

연두빛 첼리스트      68

명기名器 1      69

명기名器 2      71

진부령 단풍 벼랑에 전라全裸의 첼리스트      72

첫봄의 흰새      73

풍매화      74

족제비 한 마리 내 집에      75

아우내 장터에서      76

풀치      77

서호西湖를 생각하다      78

가슴에 뼈에 새긴 반구대암각화 사랑      79

## 5 질경이풀 자라던 길

| | |
|---|---|
| 질경이풀 자라던 길 | 84 |
| 큰오색딱따구리 | 85 |
| 까치 그리는 사람 | 86 |
| 산호 | 87 |
| 메아리 | 88 |
| 은어낚시하던 사람 | 90 |
| 골배마실 성지에서 | 92 |
| 땅끝마을에서 | 94 |

## 6 칙술루브, 5번째 지구 대멸종의 날

| | |
|---|---:|
| 칙술루브, 5번째 지구 대멸종의 날 | 98 |
| 데본기 바위 위의 새 | 102 |
| 대후두공大喉頭孔 | 104 |
| 부산 가덕도에 살았던 남방계인들 | 106 |
| 걷는다 | 107 |
| 중국, 5.4 광장에 핀 제비꽃 | 108 |
| 편지 | 110 |
| 지구를 향해 손짓하는 것들 | 112 |
| 먼 사람에게 | 114 |
| 탁번 | 116 |
| 수빈이 | 118 |
| 반구대암각화 앞에서 | 119 |
| 반구대암각화여, 위대한 힘이시여 | 120 |

• 시인의 말 | 이건청

  38억년 초기 지질시대부터 외계우주 미래시대의 시    124

1

열아홉 개 섬과 암초들을 부르는 시

# 열아홉 개 섬과 암초들을 부르는 시

너를 잊었네,
까아맣게, 깜깜하게 잊었네
너 없는 세상에서
나는 키가 크고,
기러기 떼 지어
기역 자도 니은 자도
쓰며 가는
천의 날이, 만의 날이
갔네,

잃어버린 신발들
물 따라 떠 내려 간 날들이
쓰러지거나 엎어지거나
덧쌓여서
80년 내 퇴적암으로 굳어
옛 모습대로 잠들어 있으리

무서리 내린 늦가을
새들은 아직도 노을 속에서

들끓고 있는데
나는 내 비이글호\* 돛을 올려라
유년의 일기 차곡차곡 쌓인 곳,
화석되어 굳은 내 유년 퇴적암에
다시 귀를 대고 엎드려 듣느니,

들리네, 까마득 먼 곳으로 가서
섬이 된, 암초가 된 푸른 멍들,
갈라파고스 육지 거북도
큰뿔코뿔새도 그냥 거기서 크고 있다고
열아홉 개 섬과 암초들이
해무海霧에 실어 전해 주네,
갈라파고스\*\*
내 잊혀진 날들의 갈라파고스.

---

\* 비이글호: 찰스 다윈이, 승선 5년여 지질해양학 탐색에 나섰던 배의 이름.
\*\* 갈라파고스: 남아메리카대륙 에콰도르에서 서쪽 바다로 1,000km쯤 떨어져 있는 수많은 섬들과 암초지대. 흔히 19개 섬과 암초지대로 표기됨. 인간을 포함한 외래종 동식물의 발길이 닿지 않아 대륙에서는 이미 멸종된 희귀, 고유 동물 등 잔존생물들이 살고 있음.

## 겨울 저녁의 시

폐선 하나 있었네
새들은 다 떠났고
눈보라도 그친 날,
세상의 마지막
절간이 혼자 남아

쇠북을 울리는 저녁.

# 돌담길

까마득 잊고 살았네
아지랑이 속
노고지리 소리 같던 것

양철필통 속
고무지우개 같던 것

어둔 비탈에 날 넘어뜨려
무릎에 피가 배이게 했던 것
찢긴 살 속에서 솟던 선혈 같던 것

남빛 제비꽃 핀 날들, 모두 저버리고
그 길의 냉이꽃들 모두 지워진 날

흐린 눈으로 다시 찾아가 보는

돌담길.

## 막차 타러 가며

집에 돌아 갈
마지막 시외버스를 타려고
3호선 남부터미널 역
매표소 건물 쪽 계단을 오르다 보니
계단 한 쪽 쓰레기 더미 곁에서
귀뚜리가 울더라
구겨진 스타벅스 종이컵 곁
구겨진 사람도
엎어져 있더라
동전도 지전도 몇개
던져져 있더라

계단 한 켠에서
깜정벌레들이 깜정벌레들끼리
모여 울더라

# 엄마

포경업자들이
새끼고래를 데불고 있는
혹등고래나 향유고래를 만나면
먼저 새끼고래부터 죽인다는데,
새끼고래가 작살을 맞으면
어미고래는
죽어가는 새끼고래를 두고 떠나지를 못하고
새끼고래 곁을 맴돌다가
큰 작살포를 맞는다고 한다.

# 낡은 배

배를 버리기로 작정한 사람이
바닷가 모래톱 위에
배만 두고 가버린 후
주인이 오지 않는 배는
버려진 자리에서
30년도 40년도
혼자 기다리다 보니,

낡은 배는
아픈 날개 파득이며
바다를 건너온 지친 새들이
머리를 죽지에 묻은 채
한참씩 쉬었다 가는
새들의 것이 되어가고 있었는데,

아무도 오지 않는 빈 바다에
해 뜨고 해 지고
은하수 넘쳐나는 거기서
50년이고 60년을

기다리고 기다리다가
먼 바다를 건너오는
지친 새들에게
무너져가는 마지막 몸까지 내어주며
지친 새들을 위해
다 삭아버린 팔 다리까지
펼쳐들고 서 있는….

# 서리

눈 흐리고
귀도 멀기만 한 어느, 어느 날
뒷길 구석 전봇대 곁에
아이 하나 서 있네
얇은 옷 입은
얼굴에 버즘까지 핀
아홉 살이거나 열 살쯤이던
옛날 아이 하나,
검정 고무신 신은 아이 하나

옛날, 아이였던
늙은 사람 곁에 주춤주춤 와 서네
백발 속, 옛날 아이 곁에 와서
들릴 듯 말 듯
전해 주고 가는 말
다 안다고, 안다고
고개까지 끄덕이며
전해 주는 말
새벽 세상 하이얗게 덮고 가는
가난했던 옛 말…

# 스크류 1

스크류는
물속에 있다.
안 보이는 뒷전 물속에서
배를 밀고 있다.

타는 휘발류의 폭발을
온 몸으로 받아
물살을 뒤로 밀어내면서
스크류는
안 보이는 물 속에서
배를  밀고 있다.
흰 포말을 가르며  달려가는
배 뒤쪽에서
쇳덩이를 돌리고 있다.

## 스크류 2


쾌속선이 뱃머리를 반쯤 들어 올리고
흰 포말을 솟구쳐내며 달려갈 때,
사람들은 탄성을 지르며
외친다.

저 배를 보아라
바다를 무질러가는
저 뱃머리를 보아라
깃발을 보아라

만세, 만세를 외치고 싶은 사람들이
방파제 끝까지 뛰어가며 달려가며
넘어지면서라도
수평선 끝까지 가고 싶은 것인데,
반쯤 뱃머리를
들어올리고
냅달려가고 싶은 것인데,

# 돌

새벽이 오는지,
새들이
가는지, 오는지
그냥,
던져진 자리에서
80 몇 년을
그렇게 있으면서
가슴도 아프다가
시드는 엉겅퀴도
패랭이도 건너다보다가
서리 내린 들판,
추운 새들이 꿈꾸러 오는 자갈밭에

귀도 눈도 닳은
누만 년의
돌멩이 하나.

# 저녁 별 아래 망아지가

어릴 때 나는
아지랑이 따라
들판 끝까지
달려가 보곤 했었다.
종달새가
하늘 끝으로
가뭇가뭇 사라질 때까지,
망아지 되어
달려가곤 했었다.
너무 멀리까지 간 내가
저물 녘,
노을 속에서 길을 잃으면,
저녁 별 하나 둘 떠올라
그 별들 중의 어떤 것이
손을 잡아 주었다.

어릴 때 나는
망아지 한 마리 되어
멀리 가곤 했었다.

# 먼 곳

새를 찾으러 간 아이가 있었다.
풀밭이 몇 개 씩 지워지곤 했었다.
노을이 뚝뚝 흘러내리고 있었다.

선혈이었다.

80년을 넘고 있었다.

새를 찾으러 혼자서 떠나곤 하던
옛 아이 있었다.

# 시인학교

발이 시리다.
이불 덮고 누웠는데도
자꾸 발이 시리다.
그렇다.
발이 시린 것이다.
옛날, 중학생 때
통학 기차를 타고 서울역에 와서도
다시 20분을 더 걸어 교실에 갔었다.
추운 날이 많았다
검정헝겊 운동화 속에서
발이 시리다가 시리다가
발이 아팠었다.
염천교 다리를 건너고
만리동 비탈길을 걸어갈 때
학생 때
"이틀만 더 남국 햇살을 보내시어"*
릴케를 되뇌이며
시린 발로 비탈길을 올라갔었다
이제, 눈도 귀도 흐려진 날

시린 발로 걷고 또 걸어온 내가
교문에나 들어선 것인지,
교실 문이 아예 닫히지나 않았는지
황망히 걷고 뛰면서
허위허위 예까지 온 것인데
발이 시리다.
아직도 자꾸 발이 시린 것이다.

* R.M.릴케의 시 일절

# 돌미나리


아지랑이는
논둑길 너머에
아련한데,
겨울을 견뎌낸 냉이도
잠에서 깨어나
푸릇푸릇 제 몸을
추스르고 있을 것인데,
아지랑이는
세상을 덮은 얼음 벼랑들을
조금씩 녹이고 있다.

사람의 길 막아섰던
벼랑들이 모두 녹고
녹은 것들이 흘러내려
물이 되어 흐르는
개천가엔
여린 돌미나리가
고개를 치켜들고

사람 세상으로
봄 향기를 실어내고 있다.

# 연두의 날

세상 그득, 떡갈나무 숲이
출렁거려서
한나절, 눈 시린 연두 속을 헤쳐가야, 겨우
교실에 들어서곤 하던 때가 있었다.
공부하는 아이들 뒷자리에 앉아서도
연둣빛 산 속으로
날아가고 싶기만 하던

청호반새 한 마리 있었다.

# 봉함엽서

어제, 그제 비 내리고
바람 불더니
뒷산 나뭇잎 떨어져
온 세상을 다 덮어 버렸네,
이제 나는
가랑잎 두텁게 덮인
방에 틀어박혀
겨우내
망개나무 빨간 열매라도
찾아 헤매야 하리
먼 데서 오고 있을 봉함엽서라도
기다려야 하리

# 2
# 사헬란트로푸스 차덴시스

# 사헬란트로프스 차덴시스*

침팬지 마을을 버리고
침팬지 꼬리를 버리고
두 다리로 서기 시작한
유인원 있었다네
두 다리로 서고
나머지 두 다리로
능금나무 가지의 능금을 따던,
지평선 밖을 향해
첫 발을 떼기 시작한
유인원 있었다네
앞발을 들어올려
이마에 대고
지평선 너머로 발길을 옮기기 시작한
유인원 있었다네
700만 년 전쯤
침팬지 숲에서 쫓겨난
이족직립보행二足直立步行.
어지러운 첫발을 떼어놓기 시작한
최초의 유인원 있었다네.

700만 년 저쪽,
우리들의 700만 년 저쪽.

---

\* 사헬란트로푸스 차덴시스Sahelanthropustchadensis: 700여만 년 전, 침팬지류로부터 분리되어 나온 것으로 추측되는 최초의 고인류 화석, 작아진 송곳니, 이족직립보행을 한 것으로 추측됨.

# 당신들은 까마득히 잊고 살지만


그 섬은 500만 년 전쯤 바다 속에서
솟아올랐다 한다.
어쩌다 파도에 밀려 흘러든
바다거북이나 이구아나
바람에 밀려 길 잃은 미조迷鳥들이
발붙이고 살 뿐,
사람 드나들지 않고
외래 식물도 오가지 않아
터 잡은 것들끼리만
아슴아슴 모여 살고 있다고 한다.

세상 없는 것이 된 이곳에서
육지이구아나와 바다이구아나,
육지거북과 바다큰코뿔새와
갈라파고스 펭귄같은
목숨들이 목숨들끼리만 살면서
까마득 긴 시간 흘렀으리.

사람들아, 당신들은 잊고 살지만

그대들 기억 속의 갈라파고스는 안녕하시다.
망망대해 해무*海霧*에 씻기면서
1000km쯤 떨어진 바다 한가운데
당신들이 버리고 간, 잊고 간 날들이
버려지고 잊혀진 것들이
오순도순 살고 있다.

당신들은 까마득히 잊고
떠나 살지만.

# 순다랜드*

서해바다 밑 길을 딛고
사람들이 왔다고 한다.
아프리카나, 인도
말레이 반도 쪽에 살던 사람들이
얼음들판을 딛고
해를 따라 걸어왔다고 한다.
얼음들판 끝,
잘팍잘팍 물가 쪽을 골라 딛으며
백합조개도, 명주조개도 캐 먹으며
사람들이
손잡고 왔다고 한다.

2만년 전, 세상 얼음이 다 녹아
서해바다 밑 길이 잠기기 전
사람들이 어깨동무하고
해 뜨는 쪽을 따라왔다고 한다.

지금은 바닷물에 잠긴
저 서해西海 바다 밑에 길이 있었고

네 편 내 편 미워하지 않는
착한 사람들이 해를 따라 함께 왔다고 한다.
저 바다 밑에 착한 길이 있었다고 한다.

* 약 20000년 전, 해수면이 높아져 대륙의 60%가 물에 잠기기 전, 인도네시아, 수마트라 섬과 동남아시아, 중국과 한국 일본 등은 서로 육지로 연결되어 있었다고 한다. 이 땅을 순다랜드라 부르며, 이 순다랜드의 해안을 따라 인류가 아프리카에서 인도네시아, 말레이반도를 거쳐 동쪽으로 이동해왔다고 한다.

# 천둥 번개 덧쌓인 바윗길에서



태백에서 영월쪽으로
차를 몰고 오면서
쉼없이 스쳐가는
바위 벼랑들을 만난다.
저 바윗돌들이
지구가 겪어온
전 역사이며 꿈이고
풍설이며,
세수歲壽 몇 억년,
지구 역사의 기표임을
천둥 번개로 촘촘히 짜올린
그 시간의 몸뚱이임을

어느 바위 면은 어긋나 있고
휘어져 있으며
솟구쳐 있기도 한데
누억 년 지구가 견딘
융기, 분화, 단절 그 모습 그대로
뭉치고 굳어

이 산하의 벼랑이며 비탈되어
누억 년 서 있구나

태백을 지나 영월도 지나
이 나라 어디서나 흔히 보는
바위 벼랑 길을 휘돌아가며
누억 년 지구 역사를 헤인다.

# 미토콘드리아


이 세상 70억 인구
최초의 어머니가
아프리카에 사셨다고 한다.
미토콘드리아* 유전자의
유전 경로를 따라가 보면
그렇다는 것인데,

건강한 사람 세포 하나에는
10000개쯤의
유전체가 들어있고
그중의 5%쯤인
미토콘드리아 유전자를 헤쳐 보면
하나의 생명체가 평생 겪게 될
미래 생명정보까지를 다
알 수도 있다고 한다.

20여억 만 년 전
탄자니아나 케냐 어느 샘터에
물 마시러 온 유인원 여자,

어머니에서 어머니에게로 이어지는
생명정보를 되밟아 가면
키 1.1m쯤의 여자가 거기 있다고 한다.
70억 지구인 최초의 엄마가
거기 사셨다 한다.

\* 미토콘드리아mitochondrie: 외할머니 – 어머니 – 딸로 이어지는 모계 유전자.

# 실라캔스


돌 속에 화석만 남기고,
육지 척추동물 때의 이빨과
앞다리 뼈와
태아 출산의 흔적만 돌 속에 남기고
멸종된, 멸종되어 있는,
6천5백만 년 전,
다섯 번째 지구 대멸종 때,
멸종된 것으로 된,

3억 6천만 년에서 6천5백만 년의
지구 지질지층에서 발견되는 화석물고기
실라캔스

1938년 남아프리카 연안.
실라캔스 한 마리 그물에 잡혀 올라오니,
6천5백만 년 전 멸종되었다는 것이
살아있는 물고기로 잡히다니
6천5백만 년 전, 화석물고기 모습 그대로
이빨도, 등뼈도 태아분만 흔적도 그대로,

그대로 잡히다니, 어부의 그물 속에서 푸득이다니
6천5백만 년을 물 속에 살았으면서도
물고기로 진화되지 않은
육지 척추동물 그대로였다니,
실라캔스, 네 자존의 의지 앞에서
나, 옷깃 여민다. 무릎 꿇는다.
6천5백만 년 물속에 살면서도
육지 척추동물을 지켰다니
실라캔스, 물고기 한 마리의
자존의지 앞에
무릎 꿇는다.
우러른 밤 하늘 영원을 스쳐가는
유성 하나.

## 스트로마톨라이트


경기도 옹진군 대청면 부남 서편 해안
우리나라에서 제일 오래된 화석이 있다.
원생대 스트로마톨라이트
바닷가에 자연 발생된 남조류가
군집해 살면서 분비한 점액물질의 퇴적이
화석으로 굳은 것,
세상 생명으로 진화되기 전
해변 짠 바닷물가에 흔들리던 남조류 숲이
광합성 생명으로 이어졌다니
30억 년 전 바닷물 오가던 어느 해변엔
점액물질로 몸을 섞던 바닷풀숲 있었으리
30억 년 시간 속에 진한 분비물 남기고 간
남조류 풀숲 있었으리,
사랑의 흔적 있었으리,
스트로마톨라이트.

# 3
한탄강 지질공원에서

# 한탄강 지질공원에서

누억 년 시간이 쌓여
돌이 되어 있다.
20억 년쯤의 시간 위에
다른 시간이 덧쌓여 퇴적암을 이루고
시간의 퇴적 위에 10억 년쯤의
어느 햇살 밝은 날이 다시 쌓이고
배고파 벼랑 밑에 잠들었을
초식 공룡도 한 마리
화석으로 남았거니

순담계곡에서 드르니 계곡* 쪽으로
3.1km 잔도棧道를 따라 걸으며
지나간 시간이 첩첩이 쌓인
누억 년 바위 벼랑을 돌이켜 바라보느니
켜켜이 쌓인 바윗돌 속
지나간 영겁의 시간이 건네는
연둣빛 안녕 소리를 나는 듣느니
오호라, 오늘은 한탄강 지질공원
드르니 계곡길이나 걸을거나

우뚝우뚝 벼랑을 이룬 누억 년 시간,
드르니 계곡 길을 따라 걸으며
언젠가,
나도 가 묻힐 저 벼랑의 시간 속,
눈짓 인사 나누러 갈까.

* 드르니 계곡: 강원도 철원군 갈말읍 군탄리 소재 한탄강 지질 공원의 일부. 한탄강 3.1km 잔도 길의 한쪽 입구.

# 갈라파고스 육지 거북

갈라파고스 거북은 땅에서만 산다.
물 속엔 가지를 않고
바위틈,
가시 선인장 사이를
엉금엉금 기어다니며 산다.
거친 땅에 뿌리내린
마른 풀꽃을,
가시 선인장을 먹으며 산다.

두꺼운 등껍질로 몸을 감싸고
화산 폭발이 만든 황야에서
산다

거대한 등껍질 밑엔
목마른 살
살의 갈증을 등껍질로 가린
350kg쯤의 저 목마른 짐승이
200년쯤을 산다고 한다.

350kg쯤의 수컷 거북이
암컷 거북에게 다가가
목 위에 제 목을 얹고 스르르 눈을 감는다.
뒷발로 거친 흙을 파고
알을 묻더라
눈물도 흘리며 알을 낳더라.

# 석탄

변성암 복판이 깨져
금이 나 있다.
자세히 보니
지질층들 여기저기
어긋나 있다.
몇억 년, 몇천 만 년 시간이
뒤집히고
엎어졌었구나
그때마다 지상의 나무들이
짐승들이
흙에 묻혔겠구나
피도 흘렸겠구나
지층의 단절 속으로
세상 숲이 모두 묻혔겠구나
소리치며 땅 속 벼랑으로
떨어져 내렸겠구나

무지무지 흙의 무게로 억눌린
탄소덩이 되었구나

입 앙다문 채 딱딱하게 굳었구나
차가운 불, 석탄덩이로 굳었구나

# 6500만 년 전 빗방울 화석

6500만 년 전
빗방울 화석을 만났다.
지금은 경북 의성군 사곡면으로 불리는
거기, 6500만 년 전 어느날
검은 구름이 소나기를 몰고와
빗방울을 후득이다 간 모양인데
그날 진흙밭에 빗방을 떨어진 자리가
화석으로 굳어 있네

6500만 년 해뜨고 해지는 동안,
빗물도, 빗소리도 다 지워지고
빗방울 흔적들만 남았는데
북서풍에 빗방울 스침 자리 움푹움푹 패여있네

경상북도 의성군 사곡면
무지막지 긴 시간이 담긴
빗방울 화석들이
6500백 만 년을 다 불러 담고서도

가지런도 하이,
조요롭기도 하이

# 핀타 거북은 죽고 없다

갈라파고스 핀타섬에 남은
핀타거북 한 마리가
1912년 6월 24일,
후손을 남기지 못한 채 죽고나니
이제 핀타 거북은
없다.
멸종되었다.

갈라파고스 핀타섬에
사람들이 염소 한 쌍을
풀어놓았을 뿐이라는데
염소가 새끼를 낳았을 뿐이라는데
풀을 먹고 살았을 뿐이라는데,
누만 년 핀타섬에서 대를 이어온
핀타 거북은 죽었다. 굶어 죽었다.
300kg쯤 핀타섬의 마지막 거북이 죽고나니
이제 지구 위에 핀타거북은
없다.

사람들은 다만 염소 한 쌍을
풀어놓았을 뿐이라는데,

# 내가 버린 섬


까마득 잊고 살았네
아지랑이 속에 흔들리던
자줏빛 댕기머리의 날들.
녹슨 양철필통 속,
몽당연필도

너무 멀어서
섬도 사람도 잊었지만
내가 버린 섬,
어둔 비탈 무릎에 피가 배이던
그 열 살이나 열한 살의 핏방울…
돌담길
남빛 제비꽃이 피었던지,
냉이꽃은 저 혼자 져버렸던지
이제는 지워지고 없는
옛 봄날.

# 찰스 다윈의 핀치새

찰스 다윈이 갈라파고스에 갔을 때
제각기 다른 섬에 사는 핀치새 12마리를
채집해 온 적이 있었다.
참새목 참새과의 핀치새,
다윈은 12마리 새들의 부리를 보고 놀랐다.
새들의 부리 모양이 모두 조금씩 달랐던 것,
부리가 두꺼운 것은 열매나 씨앗을 먹는 새
부리가 뾰죽한 새는 벌래를 먹는 새,
도구를 물고 구멍 속의 벌레를 잡는 새,
날카로운 부리로 상처난 새의 피를 먹기도 하는 새
새들은 몇 백만년 제각기 다른 섬에 살면서
제각기 다른 섬의 환경에
맞는 부리로 진화되어 있었던 것.

신이 아닌 환경 조건이
새들의 부리를 바꿀 수도 있음을 입증해 보인 것,
신 중심의 유럽 인간관이 무너지는 폭풍 속을
조금씩 다른 부리 모습의 새들이
날아오르고 있었던 것.

# 4
## 해변의 첼리스트

# 해변의 첼리스트


가을 해변
콘서트엘 갔었네
크로아티아
1715년 지나 1725년,
혹한의 날들을
맨 몸으로 견딘 여자.
수피樹皮를 벗기면
핏빛 연륜 촘촘히 새겨진
공명함共鳴函,
망극 흐느낌 떠올라
가을 하늘 한 켠 코발트빛으로 떠 있는 여자
나탈리 망세*
전라全裸의 첼리스트
그대 콘서트, 화진포엘 갔었네

해질녘 가을 바다엔
마지막 물새들이
핏빛 노을의 끝머리를 물고
지워져 가고 있었네.

앵콜 함성이 난바다를 채우고 있었네.

* 나탈리 망세Nathalie Manser(1970~ ) 스위스 출신 첼리스트.
전라全裸의 연주곡 "천사에게" 등이 있음.

# 가을 여자

단풍나무 같은
여자
바다를 향해 앉아
첼로를 켜고 있네
수평선 가득 일렁이는
객석을 향해 앉아
한 삶이 다 깊도록
첼로를 켜고 있네

여자
백발의 여자
첼로를 켜고 있네
난바다의
객석을 향해 앉아
혼자서 첼로를 켜고 있네
단풍나무같은 여자

필생의 말들 모두
단풍든 여자,

한 삶이 다 깊도록
첼로를 켜고 있네

## 연두빛 첼리스트


여자가 의자에 앉아
두 발을 벌린 후
무릎과 무릎 사이에 악기를 세우고
악기의 몸통을 보듬어 앉는다
여자가 울림통 밖 긴장한 줄을
다른 줄로 스치면
목질의 울림통에선
천상의 흐느낌이
울려 퍼지는데

현과 활의 교접이 격렬해질 때
연주자의 안면이
파아랗게 질리고
푸르르 떨린다.
에베리스트의 골짝 하나가
무너져내리기 시작하자
산 전체가 무너져내리는 눈폭풍 속에서

눈표범떼가 달려나온다.

# 명기名器 1


바이올린 한 대가
180억원에 팔렸다고 한다.
1721년 산, 스트라디바리우스.
그리고, 과르네리는
세계에 120여 대밖에 남지않은 명기 중의 명기.
그런데, 이런 희귀 명품 바이올린이나 첼로도
악기마다 각각 소리 특질이 다르다고 한다.

악기가 니코로 파가니니나 파브로 카잘스같은
정상 연주가들의 총애를 거치면서
악기의 음질이 어찌 공그러졌는지에 따라
악기마다 다른 소리를 낸다는 것,
악기의 팔 다리, 겨드랑이며 성감까지를 반려로
한 생애를 살던
정상의 바이올리니스트나 첼리스트들이 죽고
죽은 연주자의 몸과 혼에 최적화된 악기들이
세상에 남아 또 다른 연주자를 만난다는 것.

겨우 겨우 세상에 남겨진 악기 몇 개가

죽은 사람들이 켜켜이 쌓고 간
황홀들을
면면히 풀어
파아란 불꽃을 피워 올리면서
존재의 절정을 불러내기도 한다고 한다.

# 명기名器 2


안토니오 스트라디바리가 만든
바이올린이나 첼로 중에서도
1710년에서 1725년 사이에 만든 것을
최고의 명기로 친다는데
이때 크로아티아에 혹한이 몰아쳐
단풍나무가 잘 자라지를 못했기 때문이라 한다.
특히 이때 생산된
크로아티아산 원목 단풍나무가
나이테 간격이 좁고,
재질이 견고해서
연주자가 울려내는 현의 떨림을
소리로 받아내는 공명도共鳴度가 높다고 한다.
스트라디바리가 만든 명기 중에서도 최고의 명품은
명장名匠의 손에
세상 풍설까지 더해져서 만들어지는 것,

지독했던 추위 속에서 겨우겨우 살아남은
단풍나무가
풍설에 꺾이거나 부러지던 날의 푸른 멍까지를
감싸안아다가 망극하게 베풀어 주는 것.

# 진부령 단풍 벼랑에 전라全裸의 첼리스트

한계령, 오색 쪽으로
단풍구경 갔더니,
단풍은 거의 떠나버리고,
계곡은 스산하였습니다.

이튿날, 풀죽은 채 돌아오는 길,

진부령 구비 길을 오르며 보니,
단풍 폭포가 거기서
한참 넘쳐나고 있었습니다.
나신裸身의 첼리스트 나타리 망세
그녀의 첼로 활이
단풍의 유두乳頭쪽 가슴을
한창 밀어올리고 있었습니다.

# 첫봄의 흰새


거제 일운면 해안에
차를 세우고
좀 걷고,
전망 좋은 의자에 앉는다.
점점이 뜬 섬들이
아지랑이에 흔들려 보인다.
깜북 잠이 들었던 게지,
아내가 잠든 사람을 흔들어 깨운다.

하늘 저쪽
흰새 한 마리 소리없이 흐른다…

# 풍매화

통영 어느 산구비를 지나다
오리나무 가지에 피어난
봄의 기표에 눈이 머문다.
오리나무 가지에
오리나무꽃이 매달려 있다.
오리나무가
그냥 손가락 마디처럼
길쭘한 꽃 자루를 매달고 있다.
색깔도 향기없는 풍매화들이
스쳐가는 바람한테 운명을
내맡긴 채
흔들리고 있다.

바람이 맺어주는 인연,
풍매화風媒花.

## 족제비 한 마리 내 집에

비 오는 창밖을 내다보고 있는데,
창밖 바로 앞 마루 위로
족제비 한 마리 지나고 있었다.
비를 맞으며 지나고 있었다.
내 곁에 족제비가 살다니,
어디 등롱燈籠이라도 밝혀진 듯,
가슴 환히 밝아지누나.

# 아우내 장터에서


천안 병천
아우내 장터엔
순대국밥 식당도
호두과자점도 흐드러졌는데
사람들을 싣고 버스가 와 닿고,
또 어딘가로 사람들을 싣고 떠나가고,
가로수에선 늦매미 울고,
고추잠자리도 점점이 떠 있다.

대한민국 국민인 나는
유관순 순국의 날인
9월 28일,
아우내장터의 이 한가로운 일상이
감격스러워
자꾸만 눈시울이 뜨거워지는 것인데,

# 풀치

통영 동광식당에서
도다리쑥국을 먹는데
밑반찬으로
풀치무침도 나왔다.

어미 갈치가 부려놓고 간
알집 속에서
무더기로 태어나
아직, 갈치의 볕이나
치장도 갖추기 전
치어로 몰려다니다
어리둥절 그물에 잡혀온 것들,
갈치도 아닌 풀치로나 불린 것들이
식판 위에 놓여 있는데
도다리쑥국에
덤으로 주어진 밑반찬
풀치무침,
다진 마늘, 생강즙, 채썬 홍고추에 뒤섞여
잠을 자는지, 꿈을 꾸는지…

## 서호西湖를 생각하다

서호엘 갔었다.
고등학생 때
문학소년 셋이서
서호 둑길을 걸었었다.
물뱀 한 마리
부레옥잠 꽃 아래로
스쳐갔던가
뭉게구름,
잠자리,
그리고, 시인을 꿈꾸는
이들의 풋 무지개가
하나, 둘, 셋,
이들을 등 두드려 주던,
60년 저쪽에
풋 무지개 뜬
서호가 있었고
시인 꿈에 흠씬 젖었던
문학소년들이 있었는데.

# 가슴에 뼈에 새긴 반구대암각화 사랑
— 이달희 선생을 보내며


울산시 울주군 대곡천 휘도는 거기
7천 년 전부터 터 잡고 살고 있는
사람이 있었습니다.
검은 눈썹에 앞 머리카락 이마에 휘늘어진
목소리도 우렁우렁한 사람,
대곡천 벼랑에 암각화를 새긴
7천 년 전 사람들을 떠올릴 때면
울산대학교 공공정책 위원장,
반구대포럼 상임대표 이달희 교수
당신이 떠오르곤 했습니다.
7천년 전 돌로 바위면을 두드려 암각화를 새기던
옛날 석기시대 그분들이 환생을 하셔서
이달희란 이름으로 대곡천 암각화 앞에 오신 거라고
2000년대 이 땅을 딛고 사는 이들한테
반구대암각화의 참가치를 알려주려고,
세계적 가치로 선양될 방안을, 힘을 깨우쳐 주시려고
7천 년 풍설 속을 헤치고
지금 이 나라에 오셨던 것임을
압니다. 지금 모두 알겠습니다.

마음 크고 넓으신이여, 선생께서는
대곡천 바위 벼랑의 그림 도형들에 숨을 불어넣어
신바람 세상을 불러내 주었습니다.
혹등고래, 귀신고래, 북방 긴 수염고래, 향고래
상괭이, 들쇠고래, 범고래
달려가는 고래와 고래 사이로 농악이 어우러져
꽹가리도 북도 맴을 도는데,
아아, 저기 징을 울리며 신바람에 몸을 맡긴
검은 눈썹, 이달희 교수, 이달희 박사
오늘은 마을 사람들 함께
반구대암각화 앞 동네 춤꾼되어 있기도 했었네.
7천 년 반구대암각화의 희원을 깨우쳐 주던
가슴에 뼈에 사무치는 암각화 사랑을
몽매에도 못잊을 반구대암각화를,
천전리암각화 사랑을
한국인 가슴가슴에 싹 틔워 놓은 사람
검은 눈썹에 앞 머리카락 이마에 휘늘어진
목소리도 우렁우렁한 사람,
대곡천 벼랑에 암각화를 새긴

7천 년 전부터 대곡천 이 골짝에 눌러 살았고
앞으로도 누만년
이 골짝을 빛낼 열정을 그득그득 남기고 가는 사람,
이달희, 아아 그리울 이름…

# 5

## 질경이풀 자라던 길

# 질경이풀 자라던 길

너와 나 사이에
길이 있었다.
질경이 다폴다폴 자라는
그 길을 밟고 네가 오던 길
뻐꾸기가 울었던지
푸르르 날아갔던지
온 세상 사람들이 밟고
또 밟고 가도
기를 쓰고 되살아나던

질경이풀 다폴다폴 자라던
네 길이 있었다.

# 큰오색딱따구리

큰오색딱다구리가
죽은 엄나무 둥치에 매달려
구멍을 뚫고 있다.
큰오색딱다구리는
머리를 힘껏 뒤로 젖힌 다음
맹렬한 속도로 나무를 뚫는데
해머드릴처럼
뾰죽한 부리로 나무를
쪼고, 뜯어내 구멍을 낸 다음
부리 속에 숨긴 길다란 혀를 뻗어
(7cm쯤 된다고 한다)
고사목 구멍 속을 휘저어
곤히 잠든 애벌레를 끌어낸다.
콘오색딱다구리가 날아와
죽은 엄나무 가지에 앉았다.
고사목 둥치 속에 곤히 잠든
애벌레 한 마리
오늘 새 먹이 되겠구나

# 까치 그리는 사람

까치를 그리라는
숙제를 받고
미술 책의 까치를 따라 그리질 않고
마음 속 까치를 까맣게 그려 낸 아이가 있었다
선생이 丙을 주었다
얼마 후 아이의 그림이 전국 아동 응모전에서
최고상을 받자
아이가 어떤 그림을 그려 내도
선생은 늘 甲上을 주었다.
아이가 유명 화가가 된 어느날
통도사엘 들른 적이 있었다
그가 누구인지 모르는
노스님 한 분이 자나가다가
그에게 무엇하는 사람이냐고 물었다
"까치 그리는 사람입니다."
화가를 유심히 바라보던 노승이 말했다.
"중이 되었으면 도를 깨칠 수도 있었으련만…"*

* 경봉 스님과 장욱진의 대화.

# 산호

풍랑의 바다에서
한 세상 살던
산호 숲이
바다 속에서 기진해서
아예, 적멸에 닿고 나면,
죽은 산호 숲이
살았던 날의
별떨기와
연둣빛 봄바다의 말들을
가라앉혀
산호 뿌리에 쌓는다고 한다.
치밀하고 견고한 멍이 된
필생의 말들은
산호 숲이 스러진 자리에
핏빛 사리로 가라앉는다는데
세상을 맑고 곱게 산
눈밝은 사람이
그 핏빛 말의 결정을
사리함에 모셔 가서
적멸보궁을 세운다고 한다.

# 메아리

산을 향해
'엄마'를 부르면
온 산 산울림이
'엄마 아 아',
대답해주던 때가 있었다.
엄마 생각나면
혼자서 산을 향해
불러보곤 했었다.
산골짝 골짝마다 메아리로 살아 계셔서
부르면 모두 모두
대답해 주셨던 것인데
아직 새댁이라 불리시던 때의
세상 산들은
다 어디로 가셨는지
부르면 어디서나 되짚어 오셔서
눈물도 콧물도 닦아주시던
엄마들은 다
어디로 떠나가시고
안 계시는 것인지,

메아리,
이젠 깊은 산 어디에도 안 계신
어머니…

# 은어낚시하던 사람

강원도 명주군
은어떼가 오르던 연곡천변
누옥,
남포불 아래 『해변의 묘지』*를 읽던
문청文靑** 하나 있었는데
시를 써라, 써라
편지로 채근해도
그냥 흘러가서 짠 소금물 되겠다고
구름으로 떠돌다 는개비 되겠다는
친구 하나 있었다.
완행버스 타고 물어물어
친구 찾아가기도 했었거니
횡계 지나 대관령 구빗길 지나
찾아가기도 했었거니
오월이었던 게지
친구는
찔레꽃 향기 모질던
연곡천, 밀짚모자 눌러쓴
은어잡이 낚시꾼 되어 있었네

시詩같은 것 벗어던진 그가
찔레덤불 저쪽에서 웃고 있었네
찔레꽃처럼
하이얗게 웃고 있었네

\* 뽈 발레리 시집.
\*\* 문학청년

## 골배마실 성지에서

나 사는 집 가까운 곳에
골배마실 성지가 있습니다.
용인시 양지면 파인 리조트
거기로 사우나 갈 때면 성지에도 들러오곤 하지요,
김대건 일가가 솔뫼에서 옮겨 와 자리 잡은 곳
골배마실 성지,
성 김대건 안드레아 신부님 생가 터,
뱀이 많은 동네여서 '배마실', 윗동네 산골짜기,
'골배마실'에 숨어 살았다지요,
소년 김대건, 산 넘어 은이 마을도 오가며
불란서에서 온 모방 신부를 만났다지요,
세례도 받았다지요,
세례명 '안드레아'는 신심 굳은 15세 소년,
신부수업 신학생으로 선발되어 마카오엘 갔다지요
거기서 한국인 최초의 신부 서품을 받으셨다지요
김대건 안드레아 신부님,
숨어살던 아버지 체포되어 간 곳
신부 서품 받고 돌아온 신부님이
풍찬노숙 떠돌던 우르술라 어머님을 다시 만난 곳

골배마실 마을,
1846년 새남터에서 효수된 신부님 시신이 몰래 수습되어
무덤 속, 우루술라 어머님을 뵈온 곳 골배마실,
죽은 어머님 뵙고 미리내로 가 묻힌 신부님,
성 김대건 안드레아 생가 터 골배마실 성지,
오늘은,
가을 풀벌레들의 교향도 한창이네요
이 땅의 코발트빛 하늘 저 켠으로 일찍 온
기러기들이 떼 지어 가네요
200여 년 전 골배마실 마을에서 바라보던 가을 하늘에도
오늘처럼 기러기는 떼 지어 오고,
또 갔겠네요.
성김대건 안드레아 신부님.

# 땅끝마을에서


땅끝마을 산등성이
토말탑土末塔이
여기가 땅끝이라고,
대한민국의 땅끝이라고
말하고 있는데.
나는 아무래도 여기가 땅끝이 아니고,
여기서부터 대한민국 땅이
시작되는 거라는 생각이 든다.
여기, 해남 사람들이,
해남의 산등성이와
비 바람 함께
바다를 수평선 쪽으로 밀며
땅을 넓히고 있다는 생각이 든다.
강진 다산초당도, 대원사도 미황사도, 녹우정도,
그런 생각들을 하고 있다는 생각이 든다.
아니, 유달산 삼학도도,
무등산도 몰려와
해남 사람들한테
상상력과 감수성을 몰아주어

도처에 맑은 우물물로 고이게 하고,
하늘에 이내를 띄워 주면서
바다를 수평선 쪽으로
자꾸 밀어내고 있다는 생각이 든다.

# 6
## 칙술루브, 5번째 지구 대멸종의 날

# 칙술루브, 5번째 지구 대멸종의 날

멕시코 유카탄의 칙술루브* 지역
직경 15km쯤의 행성이 날아와 충돌했다.
6500만 년 전.
충돌 속도 시속 108000km.
TNT 100조 톤, 핵폭탄 10억 개 정도의 파괴력.
지질학자들이 충돌지점의
잔존 흔적과 지질학, 화석학,
고생물고고학 등의 자료들을 토대로
충돌 당시를 상상 복원하였다.

6500만 년 후 어느 시인의 안목으로
제5 지구대멸종의 서책들과 영상자료*들을
시인의 말로 옮겨 적는 것은
지구 따위(地)를 잠시 사는 호모 사피엔스들이
늘, 지구별에 애틋하기를, 망극하기를 바라는 마음에서이니,

"그날도 세상은 다른 날들과 다르지 않았다.
들판엔 공룡들이 어슬렁거리고,

하늘엔 익룡들이 날고 있었다.
그때, 며칠 동안 동남쪽 하늘에 밝은 빛으로 떠 있던 큰 별이
폭발적 섬광을 번쩍였다.
놀란 짐승들이 마구 소리를 내지르기 시작했다.
잠시 후 훨씬 더 잔인하게 쏟아져 내린 섬광이
짐승들의 눈을 멀게하고
시야를 덮어버렸다.
땅 바닥이 거대한 출렁거림으로 마구 뒤짚히기 시작하자,
거대 동물들은 까마득한 허공으로 솟구쳐 올랐으며
솟구쳐 올랐던 거대 동물들이 땅 위에 내던져졌다.
거대 짐승들이 떨어져 내리면서 다리가 부러지고
팔다리가 꺾이고 목이 부러졌으며 두개골이 깨졌다.
죽은 동물들이 질펀히 널부러졌다.

파랗던 하늘이 노랗게 변하더니 빠알갛게 변했다.
빠알간 하늘에서 붉은 비가 쏟아져 내렸다.
화산 폭발로 솟구친 불덩이 암석들이었다.
불덩이 암석들은 대지를 달구고 숲을 태웠다.
섬광이 번쩍인지 잠시 후
지상에 살아 있는 것들은 없었다.
2시간쯤 지나지 불덩이 암석 비는 거의 그쳤다.

빠알갛던 하늘은 그을음으로 새까맣게 변하였다.

그러나 정작 지구의 종말은 이제부터였다.
충돌 후 2시간 반쯤 지났을 때, 땅 위엔
일찍이 들어보지 못한 굉음이 들렸다.

거대 행성 충돌의 충격음파가 들이닥쳤다.
비명도 무시무시한 강풍 속에 묻혀버렸다.
충돌에서 발생한 후폭풍이 땅 위의 모든 것을 쓸어갔다.

충돌의 비극은 전 세계로 뻗어 갔다.
수백 미터 높이의 쓰나미가 도처에서 들이닥쳤으며
인도 전역에서는 거대 화산들이 용암을 토해냈다.
중앙아메리카의 유카탄 반도의 칙술루브 지역,
거대 행성의 직접 충돌지역은 거센 파멸의 에너지가
반경 1000km 안의 모든 것을 쓸어가 버렸다."

오랜 동안 충돌 후유증이 계속되었다.
도처에서 화산이 솟구쳐올랐으며
화산재가 태양을 가리자 극심한 추위가 몰려왔다.
추위에 약한 나머지 생명들이 얼어 죽었고,

먹이사슬이 끊어진 상위 포식자들도 굶어죽었다.
그렇게 되어 1억 5천만 년을 이어져 온
백악기 공룡시대는 영원히 사라져 버렸다.
이렇게 다섯 번 째 지구대멸종이 지난 후,
지구 위 생명의 약 75%에 이르는 각種들은
지구 위에서 멸종되어 화석을 통해서나
그 형태를 추측해 볼 수 있게 되었다.
지구는 지금 또 다른 지구대멸종이 진행 중이라 한다.
여섯 번째 지구대멸종은 14세기 르네상스 이후
문명 세계를 휩쓸고 있다고 한다.
여섯 번째 지구대멸종의 주역은 인간(Homosapiens)인데
인류학은 이 시대를 '인간세'라 부른다 한다.

\* 칙술루브 충돌구 Chicxulub crater: 6500만 년 전 외계 행성의 충돌 자리. 멕시코의 유카탄 지역에 위치한 거대한 운석 충돌구이다.
[위의 시는 피터 브레넌. 김미선 역 『대멸종 연대기』(흐름출판. 2019) BookToonScience 제작 영상채널(booktoonkorea/posts/11323766831342100)을 참고하였음.

# 데본기 바위 위의 새

얼어붙은 한탄강을 따라 걸으며
눈에 덮인 한 켠 벼랑을 바라보니
까마귀 한 마리 앉아 있네.
데본기 지층, 그러니까
4억 8백만 년 전 돌 위에
2020년 2월 16일의 까마귀가
앉았네, 까아악 까악
현생의 까마귀가
3억 5천 만 년 돌 위에
날개를 접었네
현생 인류인 내가
4억 8백만 년 데본기 돌 위의
현생 까마귀를 동시대의
눈으로 바라보고 있네.
변성암 복판이 깨져
금이 나 있다.
자세히 보니
지질층들 여기저기가
어긋나 있다.

몇 억 년, 몇 천 만 년 시간이
뒤집히고
엎어졌었구나,
그때마다 짐승들이 기울어져
흙에 묻혔겠구나
큰 소리로 울며
떨어져 내렸겠구나
지층의 단애 밑으로

공룡들이
소리치며 지심 속으로
떨어져 내렸겠구나

# 대후두공 大喉頭孔

대후두공大後頭孔은 인류학 용어인데
두개골 아래쪽에 뚫린 구멍을 말한다고 한다.
뇌와 척추를 잇는 척수와 신경이
이 구멍을 지나 온 몸으로 이어진다고 한다.
그런데, 이 구멍의 위치에 따라
직립보행 인류의 진화 정도를 알아낸다고 한다.

네 발로 기어다니는 침팬지의 대후두공은
두개골 아래쪽의 뒤쪽,
바로 서서 두 발로 걷는 초기 유인원의 대후두공은 조금 안쪽,
1500만 년 전 유인원들의 이 뒤쪽 구멍이
조금 앞쪽으로 옮겨져
이족보행二足步行 초기 인류로 분화되기 시작한
인간의 먼 조상이 두 발로 서서
침팬지 마을을 떠나기까지
800만 년쯤의 시간이 걸렸다고 한다.

대후두공의 구멍 하나가 조금 안쪽으로 옮겨지고
두 발로 선 초기 인류가

남은 두 팔로 능금나무 열매를 딸 수 있게 되기까지
800만 년이 걸렸다고 한다.

# 부산 가덕도에 살았던 남방계인들

부산 가덕도에서 거제를 잇는
다리를 건설하면서
지표 조사를 하던 사람들이
선사시대 묘지를 조사하면서
발굴된 인골의 DNA를 분석해 보니
한반도 사람이 아닌
남방계인의 DNA가 다수 발견되었다 한다.
7만 년 전 말레이 반도에서
큰 화산폭발로 빙하시대가 도래했고
한반도 서쪽 바다가 얼어붙었고
동부아시아 일원으로 보행가능한
순다랜드 길이 열렸다고 한다.
남방계인들이 순다랜드 길을 따라
조개류를 잡아먹으며
한반도에 이르렀을 것이라 한다.
12000년 무렵 빙하시대가 끝나고
지구를 뒤덮었던 얼음이 녹고
수심이 높아지자
순다랜드 바닷길은 다시
바닷물에 잠겼다 한다.

# 걷는다


돌잡이 아기가
바로 서서 몇 발자국을 떼어놓는 걸 보면,
돌잔치 상의 연필도 실꾸리도
잡는 걸 보면 놀랍다,
700만 년 전 두 발로 서기 시작한
유인원 침팬지가
이족직립보행二足直立步行
두 다리로 바로 서서 첫발을 떼기까지
300만 년이 걸렸다는데
사람의 돌잡이 아가들이
12개월 만에
두 다리로 걸어가서
두 손으로 5만원 지폐를 잡는다
나는 사람이 낳은
돌잡이 아가들이
만들어갈 직립인간들의 미래가
무섭다!!

# 중국, 5.4 광장에 핀 제비꽃

2024년 11월 15일 오후,
중국 칭따오 공항을 떠나기로 되어 있었는데
한국시인 몇 사람이
오전 시간을 틈내어
칭따오시 바다를 보러 갔었다.
이 바다 얼마 밖에
내 나라 내 집이 있을 것이었고,
칭따오 공항 떠나 90분쯤 후엔
나는 인천 공항에 도착해 있을 것이었다.
아, 지척 거리에 중국말로 시를 쓰는
시인들이 살고 있었던 것을,

광막한 바다가 감싸안은, 5.4 광장*,
거대한 불꽃 조형물이 서 있었는데
'회오리 바람'을 형상화한 것이라 하였다.
돌아오는 길, 놀라워라
포장도로를 뚫고 꽃을 피운
제비꽃 하나를 보았다.
첫 봄에 피어나 봄을 알리는 꽃,

제비꽃
포장도로 한 켠에 숨어 꽃을 내밀고 있었다.

* 1919년 5월 4일 일제 침략에 항거한 중국 시민운동. 한국의 3.1과 중국의 5.4운동은 모두 1919년 일제 침략에 항거한 독립운동이었다. 이를 기리는 기념탑이 칭따오시 해안에 서 있다.

# 편지

1977년 발사된
우주탐사선 보이저호*에는
불시에 만날지도 모를 외계인을 위한
'외계인에게 보내는 편지'가 실렸다.

금 도금 30cm 크기의 디스켓엔
115개의 지구 이미지 그림과
파도, 바람, 번개, 새, 고래와
동물들이 내는 소리,
각기 다른 문화와 시대의 음악,
그리고, 지구 55개 국어의 인사말들이 담겼다.

외계행성의 그대들아,
지구인들이 내민
이 손을 잡아다오
망극한 이 손을 잡아다오
80억 인류가 건네는
지구 이미지들을, 암호를,
구명 신호를,

그대들이 피와 살과 뼈 아닌 생명이어도
와서 열어다오
들어다오
감싸다오
그대들, 오순도순 우주 가족 마을
문을 열어다오
잡아다오.
80억 지구인들이 내민
망극한 이 손…

\* Voyager: 미국 NASA가 1977년에 발사한 우주탐사선 1호와 2호. 어디선가 만날 수도 있을 외계인들에 보내는 디스켓 편지를 싣고 있음. 탐사선은 현재 태양계를 벗어나 외우주 240억km를 가며 지구로 전파 신호를 보내오고 있음.

# 지구를 향해 손짓하는 것들


생명의 기원을 연구하는
지질학자들이
3600m 깊이의 땅속에서
미생물 입자들을 찾았다 한다.
1mm의 1/1000쯤 크기의
미세 목숨들이
물도 햇볕도 없는 캄캄 흙 속에
아슴아슴 살고 있더라는 것.

우주엔 천억 개쯤의 행성들을 거느린
천억 개쯤의 은하들이 있고
그 은하들이 은하들끼리
은하단까지 이룬다는데

인간이 우주에 사는
유일 생명이라
철석같이 믿는 사람들도 있다

나 이제, 불덩이거나, 얼음덩이거나

깊은 땅속 구석구석 틈서리에 사는
미세 생명들이 꿈을 밤하늘로 띄워 올리며
지구를 향해 반짝반짝
손짓하고 있음을 알겠네.

옹기종기 미립자 생명들이
지구를 향해
반짝반짝 손짓하고 있는,
저기 저 별떨기들…

# 먼 사람에게

우주 탐사선 보이저 1호가
태양계를 감싼
먼지와 얼음 폭풍을 뚫고,
외계 우주의 태풍도 헤치고
막막 우주 공간을 달려가고 있다고 한다

지구인이 만든
722kg의 쇳덩이 보이저 1호는
초속 15km의 속도로 우주 공간을 헤쳐가면서
지구인 누구도 못 본 우주 풍경을
지구로 송신해주고 있다고 한다
47년 전 지구 구식 컴퓨터를 싣고 떠난
탐사선은 저 혼자 기신기신
첫 대면의 우주 풍광을 찍어
지구로 송신해주고 있다한다.

사람아, 옛 사람아
피도 살도 없는 맨몸으로
250억km 밖을 간

사람아,
무량수 우주 속으로 멀어져가고 있는
캄캄한
사람아.

# 탁번*

천등산 박달재 너머
산골 폐교廢校터에서
시인이 시를 써서 지면에 올리면
온 나라의 사람들이
그 시를 읽고 마음 흐뭇해져서
하늘을 진짜 하늘로 보고,
꽃을 진짜 꽃으로 보며
서로 손 잡아 따순 마음 불러낸 다음
각자 주머니에 나누어 넣고
헤어졌던 것이었는데

시인이 비어卑語나 육두문자肉頭文字로
시를 써 눈짓으로 일러도
귀 기울여 깊게 듣고
봄 산, 여름 물 골짝 바위 틈서리로
어름치를 불러 키우다가
핏빛 단풍마음으로 날 저물면
하늘에 뜬 별떨기를 헤이곤 하던 것이었는데

천등산도 치악산도 그냥
천등산으로 치악산으로
연둣빛 물이 들던 것이었는데

이제, 그대 떠난 빈 세상
하늘, 별떨기 속 그대 문패 찾아가면
귀로 듣고 문 여시게
내, 탁번, 탁번 찾고 있을 테니.

* 시인 오탁번(1943~2023)

# 수빈이*

빛의 속도로 22시간쯤 가면
거기 네가 있을 것이라 한다.
여름 밤 하늘
별들 속
어딘가를
눈 아프게 찾아 헤매다 보면
너를 만날 수 있으리라 한다.
저 별떨기 다 헤쳐지나고
은핫물 굽이굽이 다 흐르고 난 곳
거기 왼쪽 팔걸이처럼 휘어 흐르는
나선은하 어딘가
타박타박 가고 있을
네가 있다고 한다.
빛의 속도로
22시간,
안드로메다
저기, 저쪽
타박타박 혼자 가고 있는,

* 어린 나이에 세상 떠난 여자 이름.

# 반구대암각화 앞에서



사람아 당신들은
춤을 춘다.
두 팔과 두 다리를
날개로 바꾸고
신이 된 사람들이 춤을 춘다.

무거운 살도 뼈도 다 버리고
햇살 속으로 떠오르며 춤을 춘다.

돌을 깨고 나온 당신들이
날아오른다,
반구대암각화의 사람들이
날아오른다.
7천 년 밝은 햇살 속으로
가볍게 가볍게 날아오른다.

# 반구대암각화여, 위대한 힘이시여

큰 사람이시여, 위대한 힘이시여
7천 년 전쯤부터 이 골짜기에 살고 계신
님들을 지금 뵙습니다
살아 있는 님들을 뵙습니다.
님들이 서 계신 7천 년 전 암벽과
우러러 저희들이 서 있는 오늘이
한 하늘에 펼쳐져 있습니다.

상서로운 짐승 거북을 닮은
이 산등성이 돌벼랑에
돌로 돌을 갈아
암각화를 새기셨으니
7천 년 전 저 벼랑 아래로
바다까지를 불러들여 경영하신
슬기며, 예지
눈부셔라, 찬연도 하시어라,

7천여 년 전, 세계 최초의 포경선도 만들어
하늘과 땅과 사람, 두루두루 안온한

너른 세상을 경영하신 분들이시여
지금 살아 있는 숨결로 오셔서
손을 덥썩 잡아주십니다
피가 도는 따순 손으로
우리 손을 잡아주십니다
어서 오라고, 반갑다고
가슴으로 가슴을 품어 안아 주시는 이여
우리 몸 속의 뜨거운 피는
이 골짜기에 살고 계신 님들이 주셨습니다.

한반도 역사의 처음이
눈부신 광휘로 열린 곳
이 땅이 처음부터 복판이었다고
가슴 펴고 세계로 가는 출발지였다고
반구대암각화가 일러주고 있습니다
대곡천, 신령스런 벼랑이 깨우쳐주시며
밝은 미래로 힘차게 나아가라 일러 주십니다.
몇 천 년의 먼 시간 되짚어 오셔서
푸지고 기름진 인간 세상 열어주소서

슬기와 예지의 길 밝혀주소서
대곡천 암각화로 우뚝 서 계신
큰 사람이시여, 위대한 힘이시여
눈부셔라, 찬연도 하시어라.

# 시인의 말 | 이건청

# 38억년 초기 지질시대부터
# 외계우주 미래시대의 시

### 지질시대와 역사시대

46억년 전 처음 지구는 물로 가득 차 있었고, 수시로 외계 행성들이 충돌, 화산 폭발이 계속되는 불안정 상태였다. 오랜 세월이 지나고 지구가 안정화되면서 겉껍질이 만들어진 것이 38억년 무렵이었다. 이후 25만년 지구상에 현생 인류인 호모사피엔스가 등장하고 인간에 의한 역사 기록이 남기 시작한 1만년 이후를 역사시대라 부른다. 이때를 기점으로 지구의 시간은 지질시대와 역사시대로 나뉘게 된다. 1만년 이전 지질시대의 지구 역사는 지구의 지질자료 속에 남았으며 38억년 이후 지구가 겪은 화산 폭발, 충돌 등도 지질 암반 자료 속에 고스란히 흔적을 남기고 있다. 특히, 지구의 각종 퇴적암들이 세세한 화석 자료들을 남기고 있다.

누억 년 시간이 쌓여
돌이 되어 있다.
20억 년쯤의 시간 위에

다른 시간이 덧쌓여 퇴적암을 이루고
시간의 퇴적 위에 10억 년쯤의
어느 햇살 밝은 날이 다시 쌓이고
배고파 벼랑밑에 잠들었을
초식 공룡도 한 마리
화석으로 남았거니


순담계곡에서 드르니 계곡 쪽으로
3.1km 잔도棧道를 따라 걸으며
지나간 시간이 첩첩이 쌓인
누억 년 바위 벼랑을 돌이켜 바라보느니
켜켜이 쌓인 바윗돌 속
지나간 영겁의 시간이 건네는
연둣빛 안녕 소리를 나는 듣느니
오호라, 오늘은 한탄강 지질공원
드르니 계곡길이나 걸을거나
우뚝우뚝 벼랑을 이룬 누억 년 시간,
드르니 계곡 길을 따라 걸으며
언젠가,
나도 가 묻힐 저 벼랑의 시간 속,
눈짓 인사 나누러 갈까.

* 드르니 계곡: 강원도 철원군 갈말읍 군탄리 소재 한탄강 지질 공원의 일부.
한탄강 3.1km 잔도 길의 한쪽 입구.

— 「한탄강 지질공원에서」 부분

3억 6천만 년에서 6천5백만 년의
지구 지질지층에서 발견되는 화석물고기
실라캔스

1938년 남아프리카 연안.
실라캔스 한 마리 그물에 잡혀 올라오니,
6천5백만 년 전 멸종되었다는 것이
살아있는 물고기로 잡히다니
6천5백만 년 전, 화석물고기 모습 그대로
이빨도, 등뼈도 태아분만 흔적도 그대로,
그대로 잡히다니, 어부의 그물 속에서 푸득이다니
6천5백만 년을 물 속에 살았으면서도
물고기로 진화되지 않은
육지 척추동물 그대로였다니,
실라캔스, 네 자존의 의지 앞에서
나, 옷깃 여민다. 무릎 꿇는다.
6천5백만 년 물속에 살면서도
육지 척추동물을 지켰다니
실라캔스, 물고기 한 마리의
자존의지 앞에
무릎 꿇는다.
우러른 밤 하늘 영원을 스쳐가는
유성 하나.

—「실라캔스」부분

우리나라 한탄강 유역은 장구한 지질변화 양상을 직접

볼 수있는 최적의 자원이다. 이곳이 [유네스코 한탄강 지질공원]으로 지정되어 세계적 지질자원으로 보호되고있다.

  한탄강 유역에는 20억~7억년 전(선캄프리아 기)의 변성암, 2억년 쯤 전의 퇴적암, 화강암등이 쌓여있다. 그런데, 이 지역에 그후 50만~16만년 전 2번에 걸친 대규모 화산폭발이 있어 솟구쳐 오른 엄청난 용암이 그 위를 덮었다. 현재의 철원, 연천, 전곡 지역이 그곳이다. 다시 오랜 세월이 흐르면서 물 흐름이 깊은 흔적을 남겼다. 그렇게 해서 지금 우리가 만나보는 한탄강의 절경이 생겨났다. 선캄프리아기 암반 위에 화산 폭발로 인한 용암이 덮이면서 한탄강 지질은 퍽 특이하고 다양한 모습을 보여주게 되었다. 한탄강 아래쪽에 내려와서 벼랑 위를 올려다보면 약 20억년 이후의 장구한 지구의 변환 모습을 직접 볼 수있다.

  한탄강 드르니 계곡에 서서 건너편 벼랑을 바라보면 몇 억 년의 시간, 지층들이 시루떡처럼 쌓여있는 걸 볼 수 있다. 한 층 한 층이 수억년 시간인 저것들이 누군가의 호명을 기다리고 있는 것 같다. 지질시대 지구의 변모 양상들은 지질시대에 축적된 돌 속의 화석이나 돌의 성분분석을 통해 알수 있다. 나는 틈만 나면 한탄강 지질공원을 찾아다니면서 몇 억년 전 지나가버린 시간흔적들을 찾아다니며 소통을 시도해보곤 한다.

실라캔스Coelacanth는 육지척추동물의 조상으로 추정되는 물고기. 3억 6천만 년에서 6천5백만 년의 퇴적암에서 화석으로 발견된다. 육지동물처럼 앞다리 뼈를 지니고 있으며 이빨, 폐의 흔적도 지니고 있다. 육지동물처럼 새끼를 출산한다. 고생물고고학은 이 실라캔스가 6천5백만 년경에 있었던 5번째 지구 대멸종 때 멸종되었으며 화석만 남아 그 모습이 발견된다고 적고 있었다. 그런데, 1938년 남아프리카 연안 바닷가에서 '살아있는' 실라캔스 한 마리가 잡혔다. 180cm, 80kg. 멸종되었다던 '화석물고기'가 그물에 잡혀 올라온 것이다. 그 후 세계 도처에서 이 물고기가 잡혀 올라왔다. 6천5백만 년 막막한 시간을 헤쳐 온 물고기의 살아 있는 실물이 모습을 나타낸 것이다. 그런데, 놀라운 것은 1938년의 실라캔스가, 3억 6천만 년에서 6천5백만 년 사이 퇴적층에서 발견되는 실라캔스 화석의 특질들을 거의 그대로 지니고 있는 것이다. 두꺼운 비늘, 앞다리 뼈, 이빨, 새끼 출산… 그러니까 최소한 6천5백만 년을 물속에서 물고기로 살았는데도 물속 환경에 최적화된 모습으로 변화, 진화하지 않고, '육지척추동물' 때의 특질들을 그대로 지니고 있었던 것이다.

"모든 동식물은 진화한다" 찰스 다윈의 명제는 도전받을 수밖에 없었다. 나는 6천5백만 년 동안 물속 동물로 살면서도 물속 환경에 맞게 [진화]되지 않고 자신을 지켜온 실라캉스의 [부정과 응전]의 정신을 깊게 볼 필요가 있으며, 시로 불러낼 필요가 있는 것이라고 생각하였다.


미래시대

조선시대 평민의 평균수명이 35세였던 것으로 추정된다 한다. 현재 한국인의 평균 수명이 83.6세라니까 수명이 많이 늘어난 셈이다. 그러나 그렇다해도 100년 미만을 살고 대부분 타계한다. 유구히 이어져오는 우주의 세세연년을 생각할 때 사람의 생존 기간은 찰라처럼 지나간다.

최근 나는 미국 NASA에서 발사된 우주탐사선 보이저 1호와 2호가 태양계 탐사 임무를 끝내고 태양계를 감싸고 있는 오르트 구름Oort cloud을 헤치고 무풍지대인 우주공간을 탐사하고 있음을 알게 되었다. 1977년 8월, 9월에 발사된 보이저 우주 탐사선 1호와 2호는 지금 태양계의 오르트 구름을 헤치고 막막 우주공간을 초속 15km쯤의 속도로 달려가고 있다고 한다. 태양계를 벗어난 보이저 1호 탐사선은 공기저항이 없는 우주공간을 빠르게 달려가면서 지구로 탐사신호를 보내오고 있다고 한다. 250억km 밖, 빛의 속도로 22시간쯤의 거리를 달리며 우주 정보를 지구로 송신해오고 있다는 것이다. 빛의 속도로 22시간의 거리는 지구의 누구도 닿아보지 못한 천문 거리이다. 아직 가보지 못한 거리지만 인간이 만든 무게 725kg의 쇳덩이 우주탐사선이 달려가면서 저녁 초면 우주공간의 송신 정보를 지구로 보내면 지구에서 수신된다. 또 반대로 지구에서 송신된 발신 정보를 외계우주의 탐사선이 받기도 한다. 48년의 교신이 때로 끊어지기도 하고 이어지기도 하면서 마지막 소임을 면면히 이어가고 있다고 한다. 그러나, 이런 탐사 과정을 거치면서 천문거리 밖 우주공간이라는 미래시간은 인간에게 관심의 대상이 되고 있다. 더구나 시의 언어를 통한 시적 오브제로 노래되기도 한다.

1977년 발사된
우주탐사선 보이저호*에는
불시에 만날지도 모를 외계인을 위한
'외계인에게 보내는 편지'가 실렸다.

금 도금 30cm 크기의 디스켓엔
115개의 지구 이미지 그림과
파도, 바람, 번개, 새, 고래와
동물들이 내는 소리,
각기 다른 문화와 시대의 음악,
그리고, 지구 55개국어의 인사말들이 담겼다.

외계행성의 그대들아,
지구인들이 내민

이 손을 잡아다오

망극한 이 손을 잡아다오

80억 인류가 건네는

지구 이미지들을, 암호를,

구명 신호를,

그대들이 피와 살과 뼈 아닌 생명이어도

와서 열어다오,

들어다오

감싸다오

그대들, 오순도순 우주 가족 마을

문을 열어다오

잡아다오.

80억 지구인들이 내민

망극한 이 손…

\* Voyager: 미국 NASA가 1977년에 발사한 우주탐사선 1호와 2호. 어디선가 만날수도 있을 외계인들에 보내는 디스켓 편지를 싣고 있음. 탐사선은 현재 태양계를 벗어나 외우주 250억km를 가며 지구로 전파 신호를 보내오고 있음.

—「편지」전문

빛의 속도로 250만 광년쯤 가면

거기 네가 있을 것이라 한다.

여름 밤 하늘

별들 속

어딘가를

눈 아프게 찾아 헤매다 보면

너를 만날 수 있으리라 한다.
저 별떨기 다 헤쳐지나고
은핫물 굽이굽이 다 흐르고 난 곳
거기 왼쪽 팔걸이처럼 휘어 흐르는
나선은하 어딘가
타박타박 가고 있을
네가 있다고 한다.
빛의 속도로
250만 광년,
안드로메다
저기, 저쪽
타박타박 혼자 가고 있는,

* 수빈이: 어린 나이에 세상 떠난 여자 아이 이름.

―「수빈이」 전문

  나는 지나가버린 38억년~1만년 사이의 장구한 시간을 알고 싶고, 화석으로 굳어있는 동식물들과도 소통해보고 싶은 강한 충동을 느껴오고 있다. 또, 누구도 가볼 수 없는 미래시간에 대한 동경 역시 절실하다. 여름 밤하늘을 그득 채우던 은하수를 눈시리게 바라보던 때가 있었다. 요즘은 광해光害 때문에 은하수를 접하기 어렵지만 옛 기억 속의 은하수 기억은 너무도 여실히 지니고 있다. 지금, 옛날 밤하늘을 차고 넘치던 그 은하수는 우리 눈으로 볼 수 없지만 광해를 입지않은 밤하늘 어딘가에 그 은하수가 걸쳐 있을 것임을 알고 있다.

지구인들이 바라보는 은하의 희부연 안개같이 번져 있는 것이 사실은 1억개 쯤의 행성 무리들이 보내고 있는 빛이며, 저 별무리들이 250만 광년 밖에 있다는 사실을 우리는 알고 있다. 지금 지구인들이 바라보고 있는 눈시린 은하 물결이 사실은 250만 년 전 저 우리은하수 은하의 자리를 떠난 빛이라는 것도, 밤하늘에 펼쳐진 우리은하수 은하의 양쪽 끝 사이의 거리가 20만 광년쯤 된다고도 한다.

우주에는 우리은하수 은하와 같은 크기의 은하들이 모여 은하단을 이루는데, 은하단은 1조개쯤의 은하들로 이루어져 있다고 한다. 칼 세이건은 이 은하와 은하단을 망망대해에 잇대어 펼쳐진 모래더미에 비유해 말하고 있다. 지금 우리가 우주의 넓이에 대해 알고 있는 지식은 저 광대한 바다를 알기 위해 바다 끝에 발을 담그고 있는 정도라고 말한바 있었다.

바닷가의 모래알 하나쯤 크기의 지구에 사는 현생 인류가 보이저 탐사선을 태양계 밖으로 탐사선을 보내 250억 km 밖 우주 공간을 달려가게 한 것인데, 보이저 1호 탐사선은 이 광막한 우주 어딘가에 살고 있을 외계 우주인에게 보내는 각종 자기소개 증표들을 싣고 있다고 한다. 위의 시

「편지」는 이 우주 어딘가에 존재할 외계인에게 보내는 '구명신호'라 부르고 있으며 그 구명신호의 여실함을 "80억 현생 인류가 보내는 망극한 이 손"이라 불러보고 있다.

 '수빈이'는 이른 나이에 세상을 떠난 여자 아이이다. 지구인으로 태어났지만 지구의 오니汚泥에 더렵혀지지 않은 순정한 몸으로 지구를 떠난 아이이다. 지구인의 피와 살과 뼈를 벗어두고 떠난 아이가 100만 광년쯤의 빠르기로 우주 복판에 닿았을 것을 믿는다.

> 그 섬은 500만 년 전쯤 바다 속에서
> 솟아올랐다 한다.
> 어쩌다 파도에 밀려 흘러든
> 바다거북이나 이구아나
> 바람에 밀려 길 잃은 미조迷鳥들이
> 발붙이고 살 뿐,
> 사람 드나들지 않고,
> 외래 식물도 오가지 않아
> 터 잡은 것들끼리만
> 아슴아슴 모여 살고 있다고 한다.
>
> 세상 없는 것이 된 이곳에서
> 육지이구아나와 바다이구아나,
> 육지거북과 바다큰코뿔새와
> 갈라파고스 펭귄같은

목숨들이 목숨들끼리만 살면서
까마득 긴 시간 흘렀으리.

사람들아, 당신들은 잊고 살지만
그대들 기억 속의 갈라파고스는 안녕하시다.
망망대해 해무海霧에 씻기면서
1000km쯤 떨어진 바다 한가운데
당신들이 버리고 간, 잊고 간 날들이
버려지고 잊혀진 것들이
오순도순 살고 있다.

당신들은 까마득히 잊고
떠나 살지만.
     ―「당신들은 까마득히 잊고 살지만」 전문


침팬지 마을을 버리고
침팬지 꼬리를 버리고
두 다리로 서기 시작한
유인원 있었다네
두 다리로 서고
나머지 두 다리로
능금나무 가지의 능금을 따던,
지평선 밖을 향해
첫 발을 떼기 시작한
유인원 있었다네

앞발을 들어올려
이마에 대고
지평선 너머로 발길을 옮기기 시작한
유인원 있었다네
700만 년 전쯤
침팬지 숲에서 쫓겨난
이족직립보행 二足直立步行,
어지러운 첫발을 떼어놓기 시작한
최초의 유인원 있었다네.
700만 년 저쪽,
우리들의 700만 년 저쪽.

* 사헬란트롭프스 차덴시스Sahelanthropustchadensis: 700여만 년 전, 침팬지류로부터 분리되어 나온 것으로 추측되는 최초의 고인류 화석, 작아진 송곳니, 이족직립보행을 한 것으로 추측됨.

―「사헬란트로푸스 차덴시스」 전문

 갈라파고스는 500만년 전 태평양에서 화산 폭발로 솟아오른 섬과 암초지대이다. 남미 에콰도르에서 1000km쯤 떨어진 채 인간의 간섭없이 500만 년 풍상을 홀로 겪으면서 망망대해의 섬들과 암초들은 인간 세상과 격리된 채 멀리 떠나 있었다. 변화무상한 인간세상에서는 수많은 동식물들이 멸종되었거나 뒤섞여왔지만 갈라파고스에서는 어쩌다 풍파風波에 실려온 동식물들이 고유의 모습을 지니면서, 환경에 따라 조금씩 진화되기도 했었다.

사람은 누구나 까마득히 멀어진 과거가 있고, 과거의 기억이라는 순정의 영토가 있게 마련이다. 잊고 있어서 기억해낼 수 없지만 현실 속으로 불러내면 눈부신 광채를 들어내 보여주는 고유 영토가 있는 것이다.

내게는 내가 까마득히 잊고 사는 내 생애의 "갈라파고스 80년"이 있다. 까아맣게 잊고 살았던 순정한 '이건청'들이 잊혀진 시간 속에서 아슴아슴 살고 있음도 알게 되었다. 『이건청 시전집』을 내면서 시인은 잊혀진 '갈라파고스'를 불러내 새로운 힘을 지닌 시의 모티프를 찾아낼 수 있었다.

700만 년 전 숲의 나무 위에 살던 침팬지 무리들 중 어느 것들이 나무 위의 침팬지 마을에서 쫓겨나면서 나무 아래 땅으로 옮겨살게 되었다.

나무 숲의 파라다이스에서 쫓겨난 침팬지 무리는 약육강식의 생존 영역으로 쫓겨나면서 두 다리로 서서 적들을 살펴야 생존을 유지할 수 있었다. 직립보행의 침팬지가 생겨난 것인데 이 침팬지가 최초 고인류의 조상으로 진화되어 왔다고 인류학은 적고 있다. 사헬란트롭스 차단시스가 최초로 직립보행을 시작한 침팬지이다.

침팬지와 인간의 유전자를 비교하면 98.7%가 같다고 한다. 위의 시 '사헬란 트롭프스 차덴시스'는 인간의 첫 조상으로의 출현을 시로 노래한 것이다.

인간은 700만 년 전 나무 위 침팬지 세상을 버리고 땅 위로 내려왔으며 숱한 역경을 겪으며 오늘에 이르렀다고 한다.

 현재 지구를 뒤덮고 있는 최후의 생명체는 호모 사피엔스 즉 사람이다. 그런데, 사람종이 지상에 나타난 건 불과 25만 년 전, 그동안 지상에 나타났다가 멸종되어 사라진 아종인류는 24종, 마지막 승자인 호모 사피엔스 사피엔스인 사람종이 세계 지표면 구석구석까지 창궐해 있다.
 과거와 현재와 미래를 상호 연속적 실체로 보고자 할 때, 지나간 과거가 광막한 황무의 시공으로 버려져 있음을 알고 놀라게 된다. 다행히 지구의 표층을 이루는 퇴적 암반 속에는 까마득한 과거의 세상을 증언해 줄, 수많은 화석, 암반 자료들이 잠들어 있다. 지나간 수억 년 전에 생존했던 동식물 화석 자료들이 자신들의 당대를 증언해주고 있다.
 나는 위의 시편들을 통해서 '나'라는 생명체의 근원을 시로 탐색해보려 하였다. 25만년 지구상에 현생인류인 호모 사피엔스가 등장하고 인간에 의한 역사 기록이 남기 시작한 1만 년 이후를 역사시대라 부른다. 이때를 기점으로 지구의 시간은 지질시대와 역사시대로 나뉘게 된다. 1만년 이전 지질시대의 지구 역사는 지구의 지질자료 속에 남았으며 38억년 이후 지구가 겪은 화산 폭발, 충돌 등도 지질 암반 자료 속에 고스란히 흔적을 남기고 있다. 특히, 지구의 각종 퇴적암들이 세세한 화석 자료들을 남기고 있다.

나는 지질시대로부터 역사시대까지, 그리고 아직 인간이 밟아보지 못한 미래시대까지를 헤매다니며 만나는 일을 계속해온 셈이다. 이번에 출간되는 시집 『열아홉 개 섬과 암초들을 부르는 시』는 현재의 시대만이 아니라 지나가 버린 과거 시대와, 아직도 밟아보지 못한 미래시대까지 시적 현실로 수용하면서 시의 말들을 찾아 헤매 다니고 있는 셈이다.

시결기획시인선 01

## 열아홉 개 섬과 암초들을 부르는 시

초판 1쇄 발행일    2025년 3월 8일

| | |
|---|---|
| 지은이 | 이건청 |
| 펴낸이 | 박금성 |
| 편 집 | 채 들 |
| 디자인 | 이상은 |

| | |
|---|---|
| 펴낸곳 | 도서출판 달나무 |
| 등 록 | 제2023-000130호 (2023년 9월 27일) |
| 주 소 | 03132 서울시 종로구 삼일대로30길 21, 1019호 (낙원동, 종로오피스텔) |
| 전 화 | 010-5258-1976(사무국) |
| 전자우편 | siyeol24@daum.net |
| ISBN | 979-11-991495-0-2(03810) |
| 가격 | 13,000원 |

- 이 책의 판권은 지은이와 도서출판 달나무에 있습니다.
- 이 책 내용의 전부 또는 일부를 재사용하려면 양측의 동의를 받아야 합니다.